書目一覧

〔刊行年の大＝大正、昭＝昭和、平＝平成、令＝令和を表す。＊が付いた書目はさつき書院として出したものである。〕

番号	書名	編著者	刊行年
	1920年代		
001	抄本東関紀	藤光治編	大11
002	近世社会思	沢泰爾	大15
003	近代哲学概	木龍司	大15
004	教育思想問	澤宗壽	大15
005	廃園雑草 文	木敏也	大15
006	自然と科学	子英雄	大15
007	王朝時代皇	島　寛	大15
008	新編國文読	田　憲	大15
009	経済原論	小西憲三	昭2
010	土佐日記	石川佐久太郎編	昭2
011	東関紀行	石川佐久太郎編	昭2
012	雨月物語	石川佐久太郎編	昭2
013	十六夜日記	石川佐久太郎編	昭2
014	竹取物語	石川佐久太郎編	昭2
015	祝詞式新釈	御巫清勇	昭2
016	評註言志四（佐藤一斎）	飯田伝一	昭3
017	中等用器畫法　染谷與志雄	馬場秋次郎	昭3
018	哲学概論	鈴木龍司	昭4
	1930年代		
019	新日本文典（全）	千田　憲	昭5
020	山国〈五更叢書1〉	土舎知和岐	昭5
021	曠原〈五更叢書2〉	北見恂吉	昭5
022	歌集あしびき〈五更叢書3〉　深山裾夫	福井守中	昭5
023	村上瓶三歌集〈五更叢書4〉	北見恂吉	昭6
024	薤露の歌〈五更叢書5〉	筒元　光	昭6
025	年刊歌集早春〈五更叢書8〉	北見恂吉	昭6
026	年刊歌集野馬〈五更叢書11〉	北見恂吉	昭8
027	つゆくさ〈五更叢書12〉	荒川シゲ	昭8
028	新編国文読本改修版	千田　憲	昭6
029	漢文類選補修用	芳野幹一	昭8

030 国語漢文参考図録 小野教孝 昭8
031 祝詞宣命新釈 御巫清勇 昭8
032 ヘーゲルの哲学 鈴木龍司 昭9
033 標準用語便覧 筑紫国学会編 昭9
034 ヘーゲルの先駆者たち 鈴木龍司 昭10
035 日本文学史 田和寛一郎 昭10
036 女子新文典別記 千田憲 昭10
037 王朝時代 皇室史の研究 竹島寛 昭11
038 若き百姓の歌〈五更叢書13〉 佐藤一生 土舎知和岐 昭11
039 抄本方丈記 増鏡 奥の細道 橘純一 加藤光治編 昭11
040 宣命新釈 御巫清勇 昭11
041 新編国文読本（巻1～6） 千田憲 昭12
042 文法中心国文類選 神保至純 昭12
043 最新実務文集（前編） 真鍋政治 昭12
044 抄本平家物語 古今著聞集 神皇正統記 橘純一 加藤光治編 昭12
045 新制女子国文典 千田憲 昭12
046 輓近図法教科書（巻1～3） 馬場秋次郎 昭12
047 新制国文典 千田憲 昭13
048 北支満鮮歌日誌 河崎五十洲 昭13
049 革新日本教育論 増田榮 昭14
050 尋常小学校全科教材索引 石川弥太郎 昭14
051 標準志那語会話 松枝茂夫 昭14
―１９４０年代―
052 抄本雲萍雑志東西游記藩朝譜 橘純一編 昭15
053 要諦実用文 二之宮英雄 平野宣紀 昭15
054 臣民の道精解 勝俣久作 昭16
055 三人の乙女（フランシス・ジャム） 市原豊太 昭16
056 太陽鳥の歌 小山竜之輔 昭17
―１９５０年代―
057 古文入門 金子武雄編 昭31
058 近世文学選 久松潜一編 昭31
059 上世文学選 久松潜一編 昭31
060 中世文学選 久松潜一編 昭31

061　文語文法詳説　湯沢幸吉郎　昭34

1960年代――

062　文語文法　湯沢幸吉郎　昭35
063　徒然草諸注集成　田辺　爵　昭37
064　国語・国文 卒論・レポートの書き方
　斎藤清衛　清水文雄　高藤武馬
　田辺正男　原尾秀二編　昭38
065　教師のための口語文法　渡辺正数　昭38
066　資料集成日本近代文学史　磯貝英夫　昭39
067　枕草子の研究　林和比古　昭39
068　昭和文学十四講　成瀬正勝編著　昭41
069　枕草子総索引　松村博司　昭42
070　日本文学の自然観照　瀬古　確　昭42
071　姓名と人生　良き名を愛児に　横山憲司　昭43
072　斎藤茂吉歌集 白き山研究　山形国語の会編　昭43
　国語教え方叢書（全十三巻）
073　①近代短歌の教え方
　新間進一　工藤信彦編　昭44
074　②現代俳句の教え方　今井文男編　昭44
075　③近代詩の教え方　関　良一編著　昭43
076　④小説の教え方　宮崎健三編　昭44
077　⑤評論・論説の教え方　佐藤　勝編　昭44
　古典の教え方（全三冊）
　宮崎健三　野地潤家　石井茂編
078　⑥物語・小説編　昭49
079　⑦日記・紀行・随筆編　昭49
080　⑧韻文・評論編　昭49
081　⑨文語文法の教え方
　増淵恒吉 武田孝 杉崎一雄 稲村徳編　昭52
082　⑩現代詩の教え方
　小川和佑　工藤信彦編　昭50
083　⑪戦後小説の教え方
　磯貝英夫　野地潤也編　昭52
084　⑫漢文の教え方　佐野泰臣　昭59
085　⑬文章表現の教え方　永田友市　昭59
086　国語教育の方法と実践的理論　久米常民　昭44

087 芭蕉の三原点　今井文男　昭44
088 詩集 北濤　宮崎健三　昭44

1970年代――

089 中河與一研究　笹淵友一編　昭45
090 文学成立の理論　森安理文　昭45
091 三島由紀夫研究　長谷川泉 森安理文 遠藤祐 小川和佑編　昭45
092 詩歌集 愛日　森安理文　昭45
093 西脇順三郎研究　村野四郎 福田陸太郎 鍵谷幸信編　昭46
094 随想芝草　斎藤清衛　昭46
095 作家論の崩壊　森安理文　昭46
096 昭和抒情詩研究（立原道造）　小川和佑　昭46
097 流行歌総覧　日本ビクター　昭47
098 芭蕉の眼　今井文男　昭47
099 有島武郎研究　瀬沼茂樹 本多秋五編　昭47
100 有島武郎・姿勢と軌跡　山田昭夫　昭47
101 詩集 鬼みち　宮崎健三　昭48

講座日本現代詩史（全四巻）
102 （明治期）　関 良一編　昭48
103 （大正期）　原 子朗編　昭49
104 （昭和前期）　村野四郎編　昭49
105 （昭和後期）　小川和佑編　昭49
106 忘れ得ぬ国文学者たち　伊藤正雄　昭48

中学校の国語授業叢書（全4冊）
107 ①古典の授業　長谷川孝士編　昭48
108 ②文学の授業　望月久貴 長谷川孝士編　昭50
109 ③論説・説明文の授業　望月久貴 長谷川孝士編　昭50
110 ④言語の授業　長谷川孝士 大井政雄編　昭51
111 高浜虚子研究　今井文男 山口誓子 松井利彦編　昭49
112 歌心点描＊　松原三夫　昭49
113 D・H・ロレンス　小西永倫　昭50
114 古文問題選50　菰淵和士　昭50
115 日本近代名詩選　阿部正路 大野順一

小川和佑　関良一　原子朗編　昭50
116 豊かな国語教室　長谷川孝士　昭50
117 現代詩のエチュード　嶋岡　晨　昭50
118 源氏物語・偐紫比較論攷　佐藤包晴　昭50
119 抒情詩論考　江頭彦造　昭50
120 萬葉集知覚表現の研究　久保昭雄　昭51
121 誤答の征服　数学100題＊　内田虎雄　昭51
122 誤答の征服　数学Ⅰ100題＊　八塚　進編　昭52
123 誤答の征服　数学ⅡB100題＊　八塚　進編　昭52
124 誤答の征服　英語100題＊　小西永倫編　昭51
125 誤答の征服　英作文100題＊　小西永倫編　昭52
126 誤答の征服　英文解釈100題＊　小西永倫編　昭52
127 英文解釈新法＊　杉野武夫　昭52
128 （続）英文解釈新法＊　杉野武夫　昭56
129 英文解釈新法２＊　杉野武夫　昭57
130 古今和歌集全評釈（上・下）　竹岡正夫　昭51
131 漢字・書きとり問題集　中村幸弘　昭52
132 木啄　杉浦　弘　昭52
133 古典評釈　徒然草　田辺　爵　昭52
134 源氏物語問題選　稲村　徳　昭53
135 古典評論問題選　鈴木太吉　石川速夫　昭53
136 日本文学概論　阿部正路　上坂信男　神作光一　寺本直彦編　昭53
137 いはれなき哀しみの詩　浜野卓也　昭53
138 東歌と防人歌　瀬古　確　昭53
139 乏しき時代の抒情　金井　直　昭53
140 主体と歴史的過失（倉田百三）　折原脩三　昭54
141 百人一首・耽美の空間　上坂信男　昭54
142 古典評釈　源氏物語　高橋和夫　昭54

１９８０年代——

143 古典評釈　枕草子　阿部秋生　野村精一　昭55
144 新版　立体図学＊　徳富清長　成富正規　昭55
145 萬葉名歌選　稲村徳　片山武　島津聿史編　昭55
146 斎藤茂吉研究　平野仁啓　本林勝夫編　昭55
147 芭蕉　栗山理一　昭55

148 シェイクスピアのロマンス劇　長谷川光昭　昭55
149 夏目漱石　坂本　浩　昭55
150 芥川龍之介　佐山祐三　昭55
151 俳句日暦・一人一句365　石　寒太　昭56
152 読後書信　坂本　浩　昭56
153 名句への招待　川村順昭　昭56
154 高等学校国語指導の実践　坂本英一　昭57
155 中国歴代名詩選　猪口篤志　昭57
156 体操詩集の世界　芳賀秀次郎　昭58
157 日本文芸論考　野口　進　昭58
158 万葉のふるさと　稲垣富夫　昭59
159 君をこそ思へ＊　坂本　浩　昭59
160 詠源氏巻々倭歌（柳沢吉里）　寺本直彦　昭59
161 源氏物語とその受容　寺本直彦　昭59
162 高校生のための新・文章作法　永田友市　昭59
163 歴史物語考その他　松村博司　昭59
164 虚往実帰（上・下）　井上靖の小説世界　上坂信男　昭60
165 ①ものぐさ古語201　会田貞夫　昭60
166 ②ものぐさ古文解釈　加藤是子　昭61
167 ③ものぐさ小倉百人一首　今野幸一郎　昭61
168 ④ものぐさ日本文学史　会田貞夫　昭61
169 ⑤ものぐさ漢文88　佐野泰臣　昭61
170 ⑥ものぐさ小論文　石内　徹　昭62
171 ⑦ものぐさ演習古典文法　加藤是子　昭62
172 ⑧ものぐさ要説古典文法　加藤是子　昭63
173 ⑨ものぐさ現代文解法　国広クニ子　昭63
174 ⑩ものぐさ故事名言　野崎久男　中村幸弘　昭63
175 草木万葉百首　稲垣富夫　昭60
176 文学論・漂泊の意匠　森安理文　昭60
177 川端康成　上坂信男　昭61
178 続・豊かな国語教室　長谷川孝士　昭61
179 わが心のふる里　坂本　浩　昭61
180 松村博司先生喜寿記念　国語国文学論集　刊行委員会　昭61

181 栄花物語の研究　松村博司　昭61
182 源氏物語・五十四帖の世界　おのりきぞう　昭62
183 太宰文学の光と影　小林一郎　昭62
184 伊勢物語全評釈　竹岡正夫　昭62
185 服部菅雄伝の研究（続編）　松村博司　昭62
186 源氏物語転生　上坂信男　昭62
187 現代文問題選30　菰淵和士　昭63
188 大鏡問題選　鈴木太吉　昭63
189 新版 近代日本文学の軌跡　村松定孝　昭63
190 高等学校国語科教育方法論　佐藤寛志　昭63
191 私の国語教室　加藤宏文　昭63
192 芭蕉の表現　永田友市　昭63
193 修証義のこころ　西川玄苔　昭63
194 生徒のための古典読解文法　中村幸弘　平元
195 文学と教育のはざま　猪俣貞敏　平元
196 ザ・漢字　早瀬輝男　平元
197 昭和文学の終焉　猪俣貞敏　平元
現代文で解く古文シリーズ（全5冊）
会田貞夫 中野博之 中村幸弘編
198 ①徒然草　野崎久男　平元
199 ②枕草子　加藤是子　平元
200 ③源氏物語　碁石雅利　南　芳公　平元
201 ④大鏡　会田貞夫　平元
202 ⑤古典評論　中野博之　平元
203 芥川龍之介の作品 文学教材の表現研究　片村恒雄　平元
204 竹取物語全評釈（本文評釈篇）　上坂信男　平元

1990年代――

205 現代児童文学の課題　竹長吉正　平2
206 海人の刈藻　関　恒延　平2
207 国語科教育学叙説　後藤恒允　平2
208 竹取物語全評釈（古注釈篇）　上坂信男　平2
209 新版 万葉のふるさと　稲垣富夫　平3
210 修証義全訳　西川玄苔　平4
211 だれにも読める やさしい源氏物語　中山幸子　平4

226	225	224	223		222	221	220	219	218	217	216	215	214	213	212	51
有島武郎研究叢書(全十集)	現代イギリス文学点描	源氏物語の思惟 上坂信男	ぼくだけのニッキ*	先生のための 古典文法Q&AS		円地文子 その『源氏物語	井原西鶴研究	若き日の漱石	「源氏物語」の創作過程	歌人叢攷	⑥日本文学史	⑤漢文解法	④キーワードで解く現代文	③古語識別法	②古典文法[上級編]	①古典文法 [基礎編]	くらくステップシリーズ(全6
有島武郎研究会編	小西久子	湯本なぎさ	山川禎彦	100 中村幸弘	上坂信男	返照	市川光彦	竹長吉正	高橋和夫	三浦三夫	斎藤裕美	山本史也	滝沢義孝	小西 宏	加藤是子	加藤是子	6 🖶
光会編	平 5	平 5	平 5	平 5	平 5		平 4	平 4	平 4	平 4	平 10	平 5	平 4	平 4	平 4	平 4	
244	0.10	0.10															
211	243	242	241	240	239	238	237	236	235	234	233	232	231	230	229	228	227
中世の歌人	243 校本十訓抄	242 精選現代文	古典文の構造 碁石	240 補助用言に関する研究	239 秦恒平の文学	238 邂逅 三武達追悼集	237 源氏物語のなぞ	(十集) 内	(九集) 小玉	(八集) 佐々木	(七集) 川	(六集) 江種	(五集) 内	(四集) 江頭	(三集) 植	(二集) 佐々木	(一集)
中世の歌人	校本十訓抄	精選現代文	古典文の構造 碁石雅利	補助用言に関する研究	秦恒平の文学	邂逅 三武達追悼集	源氏物語のなぞ	(十集) 内田満	(九集) 小玉晃一	(八集) 佐々木靖章	(七集) 川鎮郎	(六集) 江種満子	(五集) 内田満	(四集) 江頭太助	(三集) 植栗彌	(二集) 佐々木靖章	(一集) 石丸晶
中世の歌	校本十訓	精選現代	古典文の構造 碁石雅	補助用言に関する研	秦恒平	邂逅 三武達追悼	源氏物語	(十集) 内田	(九集) 小玉晃	(八集) 佐々木靖	(七集) 川鎮	(六集) 江種満	(五集) 内田	(四集) 江頭太	(三集) 植栗	(二集) 佐々木靖	(一集)
中世の歌人	校本十訓抄 泉 基	精選現代文 竹長吉	古典文の構造 碁石雅利 中村幸	補助用言に関する研究中村幸	秦恒平の文学 原	邂逅 三武達追悼集 三武義彦	源氏物語のなぞ 飯村	(十集) 内田満 栗田廣美	(九集) 小玉晃一 鈴木保昭	(八集) 佐々木靖章 田辺健二	(七集) 川鎮郎 宮野光	(六集) 江種満子 栗田廣美	(五集) 内田満 江頭太助	(四集) 江頭太助 高原二郎	(三集) 植栗彌 川上美那子	(二集) 佐々木靖章 福田準之助	(一集) 石丸晶子 西垣勤

245　いのちのことば　孤淵和士　平8
246　更級日記の夢と色と音　松岡弘子　平8
247　正宗白鳥　勝呂　奏　平8
248　有島武郎「個性」から「社会」へ　外尾登志美　平9
249　続・源氏物語のなぞ　飯村　博　平9
250　文学とその風土　佐山祐三　平9
251　続・だれにも読める やさしい源氏物語　中山幸子　平9
252　読みのアナーキーを超えて　田中　実　平9
253　明治文学と私　広瀬朱実　平9
254　漢文百話　佐野泰臣　平9
255　父有島武郎と私　神尾行三　平9
256　風のほこり　唐　十郎　平9
257　亡命・有島武郎のアメリカ　栗田廣美　平10
258　先生のための 漢文Q&A100　山本史也　平10
259　仮名書き法華経の研究（法華経歌付き）　田島毓堂　平10
260　自己をひらく表現指導　兵庫県高等学校教育研究会　平10
261　発見を導く表現指導　田中宏幸　平10
262　四季吟　合田丁字路　平10
《新しい作品論》へ、《新しい教材論》へ
（小説編・全6巻）田中実 須貝千里編
263　（小説編①）　平11
264　（小説編②）　平11
265　（小説編③）　平11
266　（小説編④）　平11
267　（小説編⑤）　平11
268　（小説編⑥）　平11
269　恨の彼方に　崔　恵淑　平11
270　源氏物語捷径（全5冊）　上坂信男　平11

2000年代――

271　現代人のための祝詞
岡田荘司・阪本是丸監修
大島敏史 中村幸弘編　平12

272 続二・だれにも読める やさしい源氏物語 中山幸子 平12
273 祝詞全評釈 青木紀元 平12
274 わがちちにあはざらめやも 大島一郎 平12
275 あふれる言語、あふれる文字 鈴木義里 平13
276 新版 忘れ得ぬ国文学者たち 伊藤正雄 平13
277 「直毘霊」を読む 阪本是丸監修 西岡和彦 中村幸弘編 平13
278 言葉空間の遠近法 安達史人 平14
279 猫の歌 小西永倫 平14
280 古典敬語詳説 中村幸弘 大久保一男 碁石雅利 平14
281 死と飛躍・有島武郎の青春 栗田廣美 平14
282 日本文化論の方法 安達史人 平14
松田修著作集（全八巻） 松田 修
283 第一巻 刺青・性・死ほか 平14
284 第二巻 十返舎一九 日本芸能史論考 平14
285 第三巻 闇のユートピア 蔭の文化史 平14
286 第四巻 日本逃亡幻譚 非在への架橋 平14
287 第五巻 日本の異端文学 「方丈記」を読む 平14
288 第六巻 複眼の視座 日本刺青論ほか 平15
289 第七巻 江戸異端文学ノート 異形者の力 平15
290 第八巻 単行本未収録論文 著作目録 平15
《新しい作品論》へ、《新しい教材論》へ（古典編・全4巻） 田中実 須貝千里 前田雅之 小嶋菜温子編
291 （古典編①） 平15
292 （古典編②） 平15
293 （古典編③） 平15
294 （古典編④） 平15
《新しい作品論》へ、《新しい教材論》へ（評論編・全4巻） 田中実 須貝千里編
295 （評論編①） 平15
296 （評論編②） 平15
297 （評論編③） 平15
298 （評論編④） 平15
299 「読むことの倫理」をめぐって 田中 実 平15

300 つくられた日本語、言語という虚構　鈴木義里　平15
301 本居宣長「うひ山ぶみ」全読解　白石良夫　平15
302 芸術の宇宙誌　谷川　渥　平16
303 太虚へ　辻邦夫歴史小説の世界　上坂信男　平16
304 「古語拾遺」を読む　青木紀元監修　中村幸弘　遠藤和夫　平16
305 記憶の帝国　前田雅之　平16
306 思索集　藤田昭子　平16
307 学校で教えている 現代日本語の文法　会田貞夫　中野博之　中村幸弘　平16
308 磨言・芳冊　田島毓堂　平16
309 明治文芸と薔薇　中込重明　平16
310 本との出会い、人との遭遇　堀切直人　平16
311 浅草（江戸明治篇）　堀切直人　平17
312 岡倉天心・研究会　岡倉古志郎　平17
313 市井作家列伝　鈴木地蔵　平17
314 光源氏・女人群像　上坂信男　平17
315 「これからの文学教育」のゆくえ　田中実　須貝千里編　平17
316 浅草（大正篇）　堀切直人　平17
317 脇役本　濱田研吾　平17
318 ぼつぼつぼちら　暮尾　淳　平17
319 利根川裕の じつは、じつはの話　利根川裕　平17
320 磨言・淳冊　田島毓堂　平17
321 浅草（戦後篇）　堀切直人　平17
322 ぼくの早稲田時代　川崎彰彦　平17
323 私の東京風景　海野　弘　平18
324 早稲田古本屋日録　向井透史　平18
325 冬のソナタ　マリンチェ　平18
326 関西古本探検　高橋輝次　平18
327 漢民族とはだれか　安達史人　平18
328 新版都市風景の発見　海野　弘　平18

329	日本語どうしてQ&A100	中村幸弘	平18
330	私の映画日記①	児玉数夫	平18
331	路上派遊書日記	南陀楼綾繁	平18
332	浅草育ち	島田和世	平18
333	歩いて、見て、書いて	海野　弘	平18
334	糸と詩でつづる 冬のソナタ	高村タチヤナ	平18
335	磨言・敦冊	田島毓堂	平18
336	唐十郎の劇世界	扇田昭彦	平19
337	私の映画日記②	児玉数夫	平19
338	歌舞伎ヒーローの誕生	利根川裕	平19
339	歌舞伎ヒロインの誕生	利根川裕	平19
340	追憶の旅　冬のソナタ	高村タチヤナ	平19
341	日記の声域	土方洋一	平19
342	新編唐十郎ギャラクシー	堀切直人	平19
343	私の映画日記③	児玉数夫	平19
344	これからの文学研究と思想の地平	田中　実	平19
345	読んで楽しい 日本の唱歌Ⅰ	中村幸弘	平19
346	諫早思春記	浦野興治	平19
347	私の映画日記 別巻①懐かしのハリウッド 映画スタアと脇役	児玉数夫	平19
348	書遙游	堀切直人	平19
349	カタコトことでん唄あそび	安峯由子	平19
350	私の映画日記 別巻②懐かしのヨーロッパ 映画脇役とスタア	児玉数夫	平19
351	昼下がりの主役	唐　十郎	平19
352	東京の暴れん坊	塩山芳明	平19
353	読んで楽しい 日本の唱歌Ⅱ	中村幸弘	平19
354	銀ヤンマ	唐　十郎	平20
355	私の映画日記④	児玉数夫	平20
356	久生十蘭	海野　弘	平20
357	新編迷子論	堀切直人	平20
358	私の映画日記⑤	児玉数夫	平20
359	読んで楽しい 日本の童謡	中村幸弘	平20
360	ポスト・ブックレビューの時代（上）	倉本四郎	平20

361 ポスト・ブックレビューの時代（下）　倉本四郎　平22
362 文士の行蔵　鈴木地蔵　平22
363 梅田智江詩集　梅田智江　平20
スクリーン・エロチシズム（全6冊）
364 ①アメリカ篇　児玉数夫　平20
365 ②イタリア篇　児玉数夫　平20
366 ③ドイツ篇　児玉数夫　平20
367 ④フランス篇　児玉数夫　平20
368 ⑤イギリス篇　児玉数夫　平20
369 ⑥北欧・日本篇　児玉数夫　平20
370 本の狩人　山口昌男　平20
371 少女都市からの呼び声　唐　十郎　平20
372 新版 百人一首・耽美の空間　上坂信男　平20
373 百人一首を継承する 中世の歌人たち　三浦三夫　平20
374 百人一首百彩　海野弘（画）武藤敏　平20
375 子供たちはみんな表で遊んでた
376 柳田泉の文学遺産（全三巻）　堀切直人　平21
377 第一巻 自伝的回想 明治文学研究　柳田　泉　平21
378 第二巻 作家と作品 随筆　平21
379 第三巻 文学者とその周囲 人物の思い出　平21
380 逐電日記　美濃瓢吾　平21
381 ターザン　児玉数夫　平21
382 私の映画日記別巻③懐かしの浅草・神田　児玉数夫　平21

2010年代――

383 フレイヘイドの風が吹く　市原麻里子　平22
384 MURAKAMI作品集　村上隆彦　平22
385 金石範《火山島》小説世界を語る　金　石範　平22
386 坂本龍馬異聞　花見正樹　平22
387 龍馬八十八話　小美濃清明　平22
388 愛と革命・有島武郎の可能性　栗田廣美　平23
389 日本の料亭　葛城三千子　平23

390 日本のインテリジェンス 岩下哲典 平23
391 運命予報占い 星月夜景 平24
392 開運占い全科 花見正樹 平24
393 開運手相占い 花見正樹 平24
394 游魚No.1 游魚編集制作委員会 平24
395 開運性格改善法 花見正樹 平24
396 続三・だれにも読める やさしい源氏物語 中山幸子 平24
397 連歌集 竹林の風 筒井紅舟 平25
398 New! 韓国語 & 会話 魏 聖銓 平25
399 開運夢占い 花見正樹 平25
400 四季のソナタ 高村タチヤナ 平25
401 石川淳傳説 渡辺喜一郎 平25
402 游魚No.2 游魚編集制作委員会 平25
403 開運恋愛・結婚・再婚法 花見正樹 平26
404 翔び立て！ニッポンの航空・観光 堀和秀 神澤隆編 平26
405 東アジアのボーダーを考える 岩下哲典 平26
406 宮地團四郎日記 小美濃清明 平26
407 書肆アクセスという本屋があった 平26
408 刑法への誘い 杉山博亮 平26
409 憲法への誘い 石村 修 平26
410 日本国憲法の文法 中村幸弘 平26
411 下北沢に住んでいた頃 岡崎勝郎 平26
412 至誠に生きて（白石正一郎） 富成 博 平26
413 続四・だれにも読める やさしい源氏物語 中山幸子 平26
414 渦潮の底 富成 博 平27
415 風の系譜（会田貞夫先生遺稿集） 村越和弘 平27
416 游魚No.3 游魚編集制作委員会 平27
417 そして一本桜 葛城三千子 平28
418 運命予報占い PART2【恋愛篇】 星月夜景 平28
419 磨言・志冊 田島毓堂 平28
420 続・先生のための 古典文法Q&A101

中村幸弘　平28
421　文章表現四つの構造　栗原文夫　平29
422　宗像三女神と沖ノ島傳説　宗像善樹　平29
423　続五・だれにも読めるやさしい源氏物語
中山幸子　平29
424　夏休み物語　浦野興治　平29
425　先生のための漢文Q&A102（普及版）
山本史也　平29
426　神宿る沖ノ島　堀田はりい　平30
427　英語のエキス　佐香武彦　平30
428　尾形乾山の流れをくむ三浦乾也一門たち
三武英行　平30
429　奥高麗　葛城三千子　平30
430　余命一カ月からの脱出　濱田晃好　平30
431　不滅のランナー人見絹枝　田中良子　平30
432　紅テント劇場　テクネ編集室　平30
433　竹取物語助動詞解釈集成　宮下拓三　平30
434　《する》という動詞のQ&A103　中村幸弘　平30
435　《ある》という動詞のQ&A104　中村幸弘　平31
436　古代天皇誕生記　堀田はりい　平31
437　山田孝雄　神島達郎　平31
438　修証義口語訳　田島毓堂　平31
439　通じる英語　佐香武彦　令元
440　万葉のふるさと（普及版）　稲垣富夫　令元
441　草木万葉のうた（普及版）　稲垣富夫　令元
442　磨言・超冊　田島毓堂　令元
443　どうしてこう読む難読語の由来
中村幸弘　令元
444　新しく古文を読む　高橋良久　畠山大三郎　平元

２０２０年代――

445　日本野球の源流　岡野　進　令2
446　森鷗外『舞姫』の全貌　杉本完治　令2
447　日本の古桜　一本桜探訪　葛城三千子　令2
448　梶山関山と三浦乾也一門　三武英行　令2
449　三島由紀夫研究（普及版）
長谷川泉　森安理文　遠藤祐　小川和佑編　令2

450 続六・だれにも読める やさしい源氏物語　中山幸子　令2
451 正法眼蔵の国語学的研究（魁冊）　田島毓堂　令3
452 山田孝雄と谷崎潤一郎　神島達郎　令3
453 日本語の形容詞たち　中村幸弘　令3
454 ロシア海軍少尉 ムールの苦悩（日本語・英語版）　岩下哲典 アンナ リネア・カーランデル　令3
455 百年の本 書目・執筆者一覧　三武義彦　令3
456 磨言・由冊　田島毓堂　令3
457 徒然草全読解 助動詞の徹底考察にもとづく新評釈　宮下拓三　令3

執筆者一覧

〔ここに掲載した方々のお名前には、主たる執筆・編者のほか、監修者・校閲者・序文・跋文・あとがき・推薦文・栞文・帯文・年表（年譜）作成者・編集後記なども含まれる。〕

人名　書目番号

あ行

会田貞夫　165・168・198〜202・307
會田実　293
相原和邦　083
相原林二　076
青木一男　408
青木紀元　273・304
青木純一　408
青嶋康文　297・268
青柳達雄　083
青山毅　068
赤井米吉　255
赤江瀑　286
我妻和男　312
赤羽研三　346
秋口蔵生　313
浅生ハルミン　324
浅香光代　338・339
浅川まどか　408
飛鳥井雅道　068
足立悦男　082・263・295
安達史人　278・282・327・384
渥美孝子　265
跡上史郎　297
阿部秋生　143
阿部敏子　079
阿部昇　264・315
阿部はるみ　408
阿部真人　079・107
阿部正路　105・115・136
天野みか　408
阿毛久芳　236・267・298
綾目広治　297・299
新井高子　256
荒井吉雄　072
荒川シゲ　027
荒木浩　293
荒谷浩　079
有島生馬　099・255
有山大五　091
安斎久美子　293
安西均　105
安藤一郎　093
安藤重和　180
安藤信廣　387
安藤靖彦　075・103
アンナ リネア・カーランダー　454
安倍甲　408
飯澤文夫　408
飯田伝一　016
飯田真由美　408
イーデス・シファート　089
飯野光男　072
飯村博　237・249
池内紀　379
池内輝雄　236・264・091
池谷敏忠　093
池本一夫　108
伊澤元美　111
石井茂　078・079・080

石井直子 180
石内徹 170
石垣義昭 266
石川一成 108
石川佐久太郎 010・011・012・013・014
石川富夫 146
石川則夫 264
石川速夫 078・081・135
石川弥太郎 050
石寒太 151
石田一男 083
石田忠彦 263
石田昌敏 073
石附陽子 089・091
今村正晴 108
石原増寿見 108
石丸晶子 227
石丸久 102
石村修 409
伊豆利彦 266
泉基博 243
磯貝英夫 066・068・083
磯田光一 068・091
板垣家子夫 072
市川慎子 408
市川光彦 180・221
市原豊太 055
市原麻里子 383
五木寛之 322
出光良 408
糸井久 082
伊藤信吉 093
伊東武雄 079・081
伊藤博之 146・265
伊藤正雄 106・276
伊藤稔 079・081
伊藤守幸 292
伊藤康圓 103
糸屋鎌吉 089
稲垣智花 291
稲垣富夫 158・175・209・440・441
稲賀繁美 312
稲田篤信 294
稲村徳 076・080・081・134・145
井上章一 312
井上昌平 072
井上ひさし 283・284・288
井上真弓 291
井上理恵 229
猪口篤志 155
猪俣貞敏 195・197
今井文男 074・087・098・111
今西祐一郎 292
入澤宗壽 004
岩井昭 109
岩佐壮四郎 267・346
岩下哲典 390・405・454
岩田博 408
岩淵達治 068
岩見照代 234
魏聖銓 398
植栗彌 230・233
上坂信男 099・136・141・164・177・186・204・208・222・225・270・303・314・372
上杉省和 099・232・233
上田薫 265
上田保 093

上田三四二　146
植田恭代　291
上野昂志　288
浮橋康彦　109
氏家幹人　283
牛山恵　268・296
宇田川忠　122・123
宇田智子　408
内澤和子　408
内田亜里　384
内田虎雄　121
内田真木　227・235・235
内田満　227・235・255
内田保廣　287
内野明和　387
内堀弘　408
内村剛介　283
内海璃己　079
宇野重規　346
梅田智江　363
梅野きみ子　180
梅原猛　288
浦野興治　346・424
漆山新太郎　072
海野弘　323・328・333・356・374
江頭太助　230・231・235
江頭彦造　104・119
江種満子　099・230・232
越次倶子　091
江藤淳　091
榎本隆司　265
江間章子　068
役末勝英　072
遠藤和夫　304
遠藤祐　089・091・099・230・449
遠藤好英　227
大石直記　297
大井政雄　081・108
大岡信　093・104
大河原忠蔵　266
大久保一男　280
大窪教海　078・110
大久保喬樹　312
大久保広行　080
大里恭三郎　227
大島一郎　274
大島敏史　271
大島寛　078・081
太田嗟［浩二］　111
大竹聡　408
太田正夫　076
大田正紀　227・233・234
大塚常樹　265
大塚敏久　265
大塚美保　298
大槻和夫　078・266・315
大津知佐子　232
大津雄一　292
大西貢　083
大貫伸樹　408
大野純　105
大野順一（大野純）　115
大野政宣　109
大林太良　287
大庭裕介　406
大原哲夫　408
大平浩哉　076
大森勝良　387
大森澄雄　180
大森延太　107

岡倉古志郎 312
岡崎勝郎 411
岡崎武志 328・407
岡崎真紀子 291
岡田荘司 271
岡田日郎 111
尾形弘道 109
岡野進 445
岡野弘彦 089
岡本勝 180
岡保生 089
小川和佑 075・082・091・096・115・146・449
小川豊生 293
小川唯 406
荻野恭茂 180
扇畑忠雄 072
荻原魚雷 408
奥田浩司 230・232
桶谷秀昭 099
小坂部元秀 313
小沢昭一 283
小沢信男 322
小高根二郎 091
織田全之 408
小田迪夫 109
越智聡 107
乙骨明夫 103
小野教孝 030
小野牧夫 266
おのりきぞう 182
小美濃清明 387・406
表章 290
折原脩三 099・140
音田諚治 109

か行

鍵谷幸信 093・104
角田敏郎 102
影山美知子 079
笠井秋生 229
風間誠史 294
笠間祐一 408
柏村静子 108
粕谷亮美 408
片岡文雄 082・091
片桐ユズル 093
片野達郎 146
片村恒雄 203
片山武 081・145
勝川克志 408
勝原晴希 266
勝俣久作 054
勝又浩 332
葛城三千子 389・417・429・447
加藤郁平 093
加藤光治 001・039・044
加藤宏文 191
加藤昌孝 292
加藤淑子 146
加藤是子 081・166・171・172・212・213
門田克彦 408
金井直 104・139
蟹沢幸路 110
金子武雄 058
金子兜太 111
金子英雄 006
金子正義 078
金田由紀子 235

加納重文　078
加部佐助　076
鎌田均　268・298・315
神尾行三　255
神島達郎　076・078・081・437・452
上谷順三郎　266・298・315
神谷忠孝　228・236・264
亀井秀雄　346
蒲生芳郎　227・228
唐川富夫　105
涸沢純平　322
唐十郎　256・287・336・353・356・373
河合正直　081
川上美那子　229・231
川口和正　408
河越雄二　234
川崎彰彦　322
河崎五十洲　048
川崎展宏　111
川鎮郎　099・230・233
川島育郎　408
河内紀　324
川端康成　089
川村順昭　153
川村伸秀　376
川村湊　286
神作光一　136
神澤隆　404
神田龍身　291
神田由美子　268
康熙奉　334・345
規工川佑輔　079・107・107・109
菊地仁　291
菊地弘　228
菊野和夫　080
北川冬彦　093
北園克衛　093
北原照代　233
北見恂吉　021・023・025・026
北村靖道　405
木俣修　089
金守珍　256
木村一信　264・295
木村寿海　408
木村幸雄　104
喜谷暢史　295
清崎敏郎　111
金石範　385
草川剛人　387
草深清　080
草部典一　076
串間努　408
葛綿正一　292
工藤信彦　073・078・082・103
工藤芳雄　081
国広クニ子　173
久富木原玲　292
久保昭雄　120
久保忠夫　103
窪田般彌　103
久米常民　086
倉員正江　294
倉繁修一　408
倉本四郎　360・361
栗田靖　111
栗田草太郎　387
栗田忠士　107・108
栗田廣美　231・232・236・257・281・388

栗原敦　296
栗原文夫　421
栗本浩平　111
栗山理一　089・147
暮尾淳　318
グレゴリ青山　333
黒岩比佐子　378・408
黒古一夫　267・296・299
黒沢茂　093
黒沢説子　408
黒部通善　180
桑木巖翼　255
桑名靖治　264
桑原文次郎　109
剣持武彦　102
小石健一　081
碁石雅利　241・280
小泉一郎　099
小泉晋弥　312
幸田国広　298・299
郷田貴子　331
合田丁字路　262
古閑章　265
小海永二　093
古賀邦雄　408
小坂晋　099
小島信一　089
小嶋菜温子　291〜294
近代ナリ子　408
小谷成子　180
児玉数夫　330・337・343・350・355・358・364〜369・370・371・382・383
小玉晃一　068・099・233・234・235
児玉忠　298
児玉幹夫　384
後藤恒充　207
言水ヘリオ　408
小西永倫　113・124・125・126・279
小西憲三　009
小西久子　226
小西宏　214
小林一郎　183
小林広一　266・295・299
小林孝吉　295
小林正　068
小林中也　408
小林直之　408
小林幸夫　268
小林陽子　091
小堀桂一郎　146
小松和彦　288
小松左京　285
小峯和明　293
五味正彦　408
菰淵和士　079・081・114・187・245
小森潔　293
古守泰子　267
子安宣邦　283
小山清　108
小山竜之輔　056
今柊二　408
今東光　089
近藤政美　180
近藤みゆき　292
今野幸一郎　167
近野康行　082
西郷竹彦　266

さ行

斉藤かほる　091
齋藤喜門　076
斎藤清衛　064・068・094
斎藤幸子　235
斎藤茂太　146
斎藤尚也　146
齋藤知也　315
斎藤裕美　217
斉藤喜門　109
佐伯梅友　130
佐伯かをる　276
三枝康高　089
酒井忠康　328
酒井麟児　079
坂上博一　077
榊原邦彦　069・180
坂口仁　331
坂部恵　312
坂本英一　080・154
阪本謙一　080
阪本是丸　271・277
坂本浩　099・149・152・159・179
桜井宗之　081
佐香武彦　427・439
佐々木悦　072
佐々木孝二　081
佐々木さよ　232
佐々木靖章
佐々木幸綱　290
笹沼真理子　408
笹淵友一　089・099
貞光威　180
佐藤一生　038
佐藤包晴　118
佐藤健児　408
佐藤健太　408
佐藤朔　093
佐藤寛志　081・114・190
佐藤勝　077・099
佐藤学　265・296
佐藤道信　312
佐藤美奈子　408
佐藤泰正　102・233・299・346
里本晋介　109
佐野和子　091
佐野正俊　266・299・315
佐野泰臣　084・169・254
佐山祐三　150・250
澤村光博　093
三五千波　408
三瓶達司　079
塩崎文雄　266
汐見稔幸　295
塩山芳明　352・407
重松紀彦　081
四反田五郎　089
品田悦一　292
篠田一士　093
柴田信　408
渋谷孝　295
澁谷のぶ　255
嶋岡晨　082・091・093・105・117
島田和世　332
島田三郎　109
島達夫　233・236
島津聿史　145
清水比庵　089
清水文雄　064・091

下重暁子 338・339
下橋邦彦 267
下山ちづ子 180
首藤年伸 107
白石寿文 108
白石等 108
白石良夫 287・301
白井伸昴 078
白木裕 146
陣川桂三 110
神西清 091
新城和博 408
進藤純孝 068
進藤義治 180
神保至純 042
神保町のオタ 408
新保祐司 299
新間進一 073・102

須貝千里 297・315
菅谷敏雄 236・346
杉浦弘 081・132
杉崎一雄 081
杉戸清彬 180
杉戸千洋 180
杉野武夫 125・127・128・129・142・143
杉野要吉 263〜268
杉原公晴 122・123
杉本完治 446
杉本邦子 102
杉本春生 105
杉山二郎 289
杉山博亮 408
杉山康彦 267
勝呂奏 247
助川幸逸郎 292

助川徳是 083
鈴木一郎 099
鈴木啓子 265・296
鈴木健次郎 072
すずきさち 408
鈴木地蔵 313・362・407
鈴木太吉 135・146・188
鈴木力 408
鈴木亨 104
鈴木敏也 005
鈴木久雄 108
鈴木雅恵 232・234
鈴木正和 296
鈴木光保 180
鈴木満 079
鈴木保昭 235
鈴木豊 078・107
鈴木義里 275・300

鈴木龍司 003・018・032・034
須藤鐘一 255
住田勝 297
角谷有一 297
諏訪秀明 110
関口篤 093
関恒延 206
関容子 338・339
関良一 072・075・102・115
瀬古確 070・138
瀬戸哲郎 093
瀬沼茂樹 099
世羅博昭 081
芹沢俊介 263〜268
扇田昭彦 336
千田憲 008・019・028・036・041・045・047
曽根伸良 080

曽野綾子　089
祖父江昭二　265
染谷與志雄　017

た行

退屈男　408
高木まさき　268
高木裕　346
高杉晋吾　322
高田信敬　180
高田知波　266
高田誠　406
高田衛　360・361
高藤武馬　064
高野光男　267・296
高野良知　089
高橋和夫　079・142・219
高橋和巳　091
高橋俊三　108
高橋宗伸　072
高橋隆　236
高橋輝次　326
高橋亨　108
高橋敏夫　267・268・295・299
高橋春雄　232
高橋博史　295・265
高橋広満　267
高橋三千綱　286
高橋靖之　146
高橋良久　444
高橋渡　089
高濱年尾　111
高原二郎　099・230・231・232
高村タチヤナ　334・340・400
高森邦明　109
高柳重信　104
高柳得寶　146
高山宏　285・289
高山亮二　099
瀧口宏　408
滝口裕介　406
滝沢貞夫　080
滝沢義孝　215
田口正直　110
武井静夫　099
武井基次　124・125
竹内常一　263・296
竹内啓　408
竹岡正夫　130・184
竹下政雄　107
竹下義人　294
竹島寛　007・037
竹田修　146
武田勝彦　091
武田孝　081
武田與三郎　072
武智信八州　107
竹長吉正　205・220・242
竹村信治　293
竹村牧男　312
竹盛天雄　146
武山隆昭　180・069
田近洵一　298
田島毓堂　180・259・308・320・335・419・438・442・451・456
多田一臣　292
田近洵一　108・264
橘純一　001・039・044・052
立石和弘　291
舘浦あざらし　408
蓼沼正美　315

田中泉　408
田中榮一　234
田中三郎　109
田中栞　408
田中恒春　110
田中稔穂　110
田中登　180
田中久文　312
田中宏幸　260・261
田中実　252・299・315・344
田中美穂　408
田中美代子　091
田中優子　284
田中良子　431
田辺健二　231・234
田邉淳　107
田辺爵　063・133
田辺正男　064
田辺茂一　089
谷川渥　287・302
谷川健一　283・285・287
谷口桂子　408
種村季弘　360・361
田端建人　315
田原陽介　408
田村圭司　073・082
田村泰次郎　089
田村七痴庵　324
田村嘉勝　263
樽見博　408
田和寛一郎　035
俵世婦　110
丹藤博文　297・265
崔恵淑　269
筑紫国学会編　033
千葉俊二　263
千葉宣一　093・102・103
千脇孝裕　408
塚越俊之　406
塚田平　124・126
塚田泰彦　315
塚原清　069
津島知明　293
津田京一郎　408
土舎知和岐　020・038
土屋文明　072
筒井紅舟　397
筒井康隆　288
堤邦彦　286
堤亮二　108
筒元光　024
津野海太郎　331
坪内祐三　276・380
津山新太郎　072
鶴岡善久　093
鶴田清司　268・297
テクネ編集室　433
寺田泰政　081
寺本直彦　136・160・161
寺本喜徳　111
寺山修司　284
照井猪一郎　255
天宅功　146
土井章史　408
堂本正樹　284
栂瀬良平　072
渡久地繁　107
徳富清長　144
所功雄　109
戸田功　315
利根川裕　319・338・339
土橋治重　105

戸松泉　263
富岡幸一郎　299
富成博　412・414
富山勝男　108
友近温寿　124・126
豊永徳　079・083
鳥居明久　263

な行

内木文英　108
内藤一志　264・294
内藤誠　285
仲井克己　293
永井伸和　408
中上健次　286
中川武秀　109
中川成美　297
中川仁　406
中桐雅夫　093
中込重明　309
中島国太郎　109
中島洋一　103
永田友市　085・162・192
那珂太郎　093
仲地重夫　109
中津千穂子　408
中西進　286
中西昇　080
中根道幸　078・079
中野嘉一　093・104
中野幸一　457
長埜盛　093
中野伸　110
中野博之　198〜202・307
中浜康光　107
中丸宣明　298
長峯英子　408
中村文　292
中村賢一　408
中村友　267
中村三春　227・229・263・297
中村幸弘　131・174・198〜202・223・240・241・271・277・280・304・329・345・353・359・410・420・434・435・443・453
中村龍一　296・315
中山亜弓　408
中山幸子　211・251・272・396・413・423・450
中山眞彦　346
中山緑朗　082
生井和子　228・234
成清良孝　082
成澤義親　405
成瀬正勝　068
成富正規　144
南陀楼綾繁　313・324・328・331・407
難波博孝　264・296・315
難波喜造　265
南部修太郎　255
新倉俊一　093
新納義雄　312
西章　236
西岡和彦　277
西垣脩　104・099・227・234
西川あずさ　408
西川玄苔　193・210
西川嘉伸　405
錦啓　082
錦仁　292

新田康子　416
二之宮英雄　053
日本ビクター　097
丹羽秀和　072
根岸哲也　408
能仁尚志　125
野口進　157
野口武彦　283
野坂幸弘　082・099
野崎久男　174
野地潤家　078・083
野島秀勝　099
野田宇太郎　091・102
野田千平　180
野村精一　143

は行

芳賀秀次郎　072・075・146・156
芳賀檀　089
萩沢浩行　408
萩沢宏行　408
萩原朔太郎　093
長谷川泉　068・089・091・099・102・105・238・449
長谷川孝士　080・107・108・109・110・116・146・178
長谷川光昭　148
畠山大三郎　444
畠中理恵子　408
服部幸造　180
服部康喜　266・298・299・346
服部幸雄　289
花田清輝　091
花田修一　108
花田俊典　296
花見正樹　386・392・393・395・399・403
馬場あき子　286・287・289
馬場秋次郎　017・046
馬場重行　296・299・315・346
濱田研吾　317・408
濱田晃好　430
浜野卓也　137
浜本純逸　083・263・315
早川厚一　180
早川東三　068
林和比古　067
林武　089
林哲夫　408
林俊夫　108
林原純生　298
林廣親　264
林富士馬　089
早瀬輝男　196
原尾秀二　064・068
原子朗　091・093・099・103・115
原善　239
原田邦夫　346
原田雅登　109
原田三夫　099
原仁司　297・299・346
原道生　289
春山行夫　093
東原伸明　291
比嘉新和　107
樋口良澄　256
久富哲雄　080
久富貢　089
久松潜一　057・059・060
土方洋一　341・291

日沼倫太郎　068
兵庫県高等学校国語教育研究会　260
兵藤裕己　288
平岡敏夫　102・265
平岡正明　284
平賀明彦　387
平野仁啓　146
平野宣紀　053
平畑静塔　111
比留間一成　089
広瀬朱実　253
廣瀬哲也　295
photographer　338
深沢徹　293
深谷純一　267
深山裾夫　022
府川源一郎　268
福井守中　022
福井靖人　408
福岡宏泰　408
福島泰樹　290
福田清人　089
福田準之輔　099・228・233
福田悠紀男　073
福田陸太郎　089・093
福長進　291
福原麟太郎　093
福村保　109
福本彰　236
藤井隆　180
藤岡武雄　146
藤掛和美　069・180
藤木宏幸　099
藤崎滋男　408
藤田昭子　306
藤田加奈子　408
藤田重次　109
藤田英夫　080
藤村興晴　408
藤本宗利　293
藤原和好　264・315
藤原孝徳　110
古川清彦　103
古田足日　068
古田拡　076・079
分銅惇作　076
外尾登志美　228・248
星月夜景　391・418
星野晃一　076
星野徹　105
細矢藤策　078
堀田はりい　426・436
堀内恭　408・408
堀内倫子　408
堀和秀　404
堀切直人　256・310・311・313・316・318・321・324・328・331・332・336・342・351・357・375・407
堀木博礼　077
堀竹忠晃　297
堀千和子　235
本多秋五　099
本多正一　408
本田典国（創己）　089・091

ま行

前田愛　102
前田角蔵　267
前田雅之　291〜294・305
前野博　076

牧戸章 298
槇林滉二 066・083
増井潤一郎 408
増田修 083・265
増田栄 049
増田信一 109
増淵恒吉 081
松井健児 291
松井幸子 111・180
松井利彦 111・180
松枝茂夫 051
松岡祥男 408
松岡つとむ 408
松岡弘子 246
松隈義勇 076・078・111
松坂俊夫 072・083
松崎正治 266・298
松澤和宏 346・264・296
松田修 283〜290
松田幸雄 093
松田悠美 089・091
松林尚志 111
松原一義 081・114
松原新一 091
松村博司 069・163・180・181・185
松村緑 102
松本三三男 107
松本鶴雄 091
松本典子 408
松本議生 267
松山巌 362
松山羊一 109
真鍋政治 043
マリンチェ 325
丸山義昭 295・315
馬渡憲三郎 091・102
三浦健 408
三浦浩良 408
三浦三夫（松原三夫） 112・218・244・373
三浦泰生 083
御巫清勇 015・031・040
三木卓 457
みさきたまゑ 408
三沢育夫 081
三武英行 428・448
三武義彦 238・440・441・449・455
三田村雅子 293
光栄堯夫 082・091
巳野欣一 109
美濃瓢吾 380
三原浩良 408
三宅秀典 408
宮腰勉 298
宮坂覚 089
宮崎健三 076・078・079・080・088・101
宮﨑達生 408
宮下拓三 433・457
宮代康丈 346
宮野光男 099・228・230・233
宮本陽子 346
宮脇真彦 294
明珍昇 105
三好修一郎 315・104
三好行雄 091
三輪正胤 180
向窪督 083
向井透史 324
向原祥隆 408・408

牟田米生 108
武藤敏 376
宗像和重 229・231
宗像善樹 422
村井義昭 108
村上一郎 091
村上隆彦 384
村上學 180
村上呂里 265・295・315
村越和弘 415
村瀬憲夫 180
村永大和 146
村野四郎 093・105
村松定孝 068・089・189
村松友視 338・339
村山出 073
室城秀之 291
メイ 408
望月久貴 108・109
望月善次 267
本林勝夫 146
元村勉 108
百瀬甫 006
森嶋邦彦 229・236
森正人 292
森雅之 255
森まゆみ 363
森瑞枝 294
森本正一 108
森本真幸 264
森本元子 078
守屋淳 408
森安理文 089・090・091・092・095・111・176・449
森山重雄 099

や行

柳生四郎 111
安井奨栄 107
安川定男 099・231・235
安田徳子 180
安田文吉 180
保田与重郎 089
安峯由子 349
柳ケ瀬和江 408
柳富子 235
柳沢泰爾 002
柳田泉 376
矢野誠一 338・339
山内盛春 108
山川禎彦 224
山川静夫
山川隆之 408
山岸徳平 130
山口誓子 111・146
山口青邨 111
山口眞琴 293
山口昌男 284・370
山口基 091・449
山崎一穎 263
山﨑行太郎 297
山﨑範子 408
山崎英文 231
山碕雄一 083
山﨑幸夫 110
山下一海 111
山下久夫 294
山下宏明 266
山下政太郎 108
山田昭夫 092・099・100
山田俊治 229・231

山田敏雄　081
山西義蔵　110
山根清隆　083
山部和喜　293
山本欽司　298
山元隆春　263・315
山本名嘉子　110
山本史也　216・258・425
山本元春　295
山本芳明　232
山本善行　331
結城哀草果　072
游魚編集制作委員会　393・403・417
湯沢幸吉郎　061・062
湯本なぎさ　225
湯本祐之　079
湯本理子　408
由良君美　284
横井清　285
横山憲司　071
横山信幸　083・296
吉井美弥子　291
吉川和代　408
吉澤貞人　180
吉田薫　109
吉田一恵　072
吉田精一　093
吉田千鶴子　312
吉田俊彦　227
吉田裕　346
吉中和夫　082
芳野幹一　029
吉野瑞恵　292
吉行淳之介　284
依田重忠　107
与那嶺恵子　268

わ行

若菜伊奈緒　082
和田茂樹　111
渡辺英二　079
渡部勝己　107
渡辺喜一郎　401
渡辺匡一　291
渡辺周　363
渡辺信八郎　072
渡邊慎也　408
渡辺宏　072
渡邉裕之　360・361
渡辺正数　065
渡邊實　107
渡部泰明　293
渡辺泰宏　291
渡辺善雄　268
綿貫真木子　408
ワタリウム美術館　312
和多利志津子　312

（以上）